Melanie Konrad

"Don Juan de Marco" - Eine Adaption des Don Juan Mythos

AVL
→ 23.1 - DONJU 1/17

GRIN - Verlag für akademische Texte

Der GRIN Verlag mit Sitz in München und Ravensburg hat sich seit der Gründung im Jahr 1998 auf die Veröffentlichung akademischer Texte spezialisiert.

Die Verlagswebseite http://www.grin.com/ ist für Studenten, Hochschullehrer und andere Akademiker die ideale Plattform, ihre Fachaufsätze und Studien-, Seminar-, Diplom- oder Doktorarbeiten einem breiten Publikum zu präsentieren.

Dokument Nr. V43936 aus dem GRIN Verlagsprogramm

Melanie Konrad

"Don Juan de Marco" - Eine Adaption des Don Juan Mythos

GRIN Verlag

Bibliografische Information Der Deutschen Bibliothek: Die Deutsche Bibliothek verzeichnet diese Publikation in der Deutschen Nationalbibliografie; detaillierte bibliografische Daten sind im Internet über http://dnb.ddb.de/ abrufbar.

1. Auflage 2002
Copyright © 2002 GRIN Verlag
http://www.grin.com/
Druck und Bindung: Books on Demand GmbH, Norderstedt Germany
ISBN 978-3-638-65737-2

Universität Heidelberg
Germanistisches Seminar
SS 2002
Proseminar: Mythos Don Juan

„Don Juan de Marco"
Eine Adaption des Don Juan Mythos

2. Fachsemester

30. August 2002

Inhaltsverzeichnis

1. Einleitung 2
2. Der Mythos 3
   2.1 Der allgemeine Mythosbegriff 3
   2.2 Der Don Juan Mythos 4
3. Der Ur-Don Juan 5
   3.1 Tirso de Molina und das spanische Theater 5
   3.2 „Don Juan - Der Verführer von Sevilla und der steinerne Gast" 7
4. Der Film „Don Juan de Marco" 9
   4.1 Filmdaten 9
   4.2 Inhalt und Adaption 10
   4.3 Interpretation und Analyse der Adaptionselemente 19
5. Fazit 21
6. Literaturverzeichnis 23

1. Einleitung

Don Juan gilt seit Jahrhunderten als Mythos, der 1613 von dem spanischen Dichter und Dramatiker Fray Gabriel Téllez, der unter dem Pseudonym Tirso de Molina schrieb, geschaffen wurde. „El Burlador de Sevilla y Convidado de piedra", („Der Verführer von Sevilla und der steinerne Gast"), lautete der vollständige Titel des religiösen Dramas - des Ur-Don Juan. Diese Urversion wurde seitdem 450 mal auf internationalem Raum verarbeitet, und gelangte schließlich auch nach Hollywood.[1] Jeremy Leven schuf 1995 mit seinem Film „Don Juan de Marco" eine weitere Version des Don-Juan-Stoffes. Die Adaption des Mythos in dem amerikanischen Film soll in dieser Hausarbeit aufgezeigt werden, verglichen mit der Urversion, dem „Burlador de Sevilla" von Tirso de Molina.

Das Urgestein von Molina wurde nicht nur deshalb als Vergleichswerk gewählt, weil es sich hierbei, wie bereits erwähnt, um die aller erste Don Juan-Fassung handelt, sondern auch darum, weil bereits das aller erste Bild des Films eine Verbindung zum Ur- Don Juan herstellt, denn auf dem Tisch von Don Juan de Marco liegt das Buch „El Burlador de Sevilla- The original tale of Don Juan"...

In dieser Hausarbeit wird im folgenden zunächst der Mythosbegriff an sich geklärt, indem seine Struktur näher betrachtet wird. Die grundlegenden
Merkmale des Mythos sollen dabei einsichtig werden. Im weiteren wird dann speziell auf den Don Juan Mythos eingegangen und seine wichtigsten Elemente dargestellt. Danach werden einige aufschlussreiche Informationen zu Tirso de Molina und dem spanischen Theater des 17. Jahrhunderts gegeben, um die anschließende Darstellung und Interpretation des Ur-Don Juan besser nachvollziehen zu können.
Nach einigen allgemeinen Informationen zum Film „Don Juan de Marco" wird dieser dann ausführlich im Blickwinkel der Adaption des Mythos dargestellt und dadurch letztendlich auch Unterschiede zur Urversion herausgearbeitet.
Ziel dieser Hausarbeit ist es, die Anpassung an den bereits Jahrhunderte lang währenden Mythos deutlich zu machen.

2. Der Mythos

2.1 Der allgemeine Mythosbegriff

„Man möchte sagen, dass die mythologischen Welten, kaum erst geschaffen, dazu bestimmt sind, zerstört zu werden, damit aus ihren Trümmern neue Welten entstehen."[1]
Aus diesem Zitat von Franz Boas lässt sich bereits eine sehr wichtige Merkmal des Mythos ableiten: Er ist veränderlich. Im Hinblick auf den bevorstehenden Vergleich, spielt diese Eigenschaft eine bedeutende Rolle.

Der Begriff Mythos stammt aus dem Griechischen und bedeutet wörtlich übersetzt „Erzählung". Phantastisch-naive, aber symbolhaltige Darstellungen von sich ereignenden Begebenheiten in der Götter-, Menschen- und Naturwelt definieren den Mythos. Er ist Ausdruck echter Begegnung mit heiliger Wirklichkeit und in seinem kultischen Nachvollzug Vergegenwärtigung des Überzeitlichen durch Handlung und Wort. Das mythenbildende Bewusstsein des frühzeitlichen Menschen wählte archetypische Bilder, die aus dem Urbesitz der Menschheit stammen. So wird das zeitlos Ewige im Mythos zur erlebbaren Wirklichkeit.[2]

Weitere elementare Merkmale liefert Lévi Strauss in seinem Buch „Strukturale Anthropologie". Strauss stellt grundsätzlich fest, dass in einem Mythos alles vorkommen kann, und die Reihenfolge der Ereignisse keiner Regel der Logik oder Kontinuität unterworfen ist. Das bedeutet, dass jedwede Beziehung zwischen Subjekt und Prädikat möglich ist und eine Willkür der Mythen vorzuliegen scheint.

Des weiteren bezieht sich nach Strauss ein Mythos, wie im oberen Abschnitt bereits erwähnt, immer auf vergangene Ereignisse, weist jedoch gleichzeitig eine Dauerstruktur auf: das heißt, er vereinigt Vergangenheit, Gegenwart und Zukunft. Seine zeitliche Struktur ist somit die ewige Wiederkehr, er wird immer wieder neu gelebt und neu interpretiert.

Die Substanz eines Mythos liegt in der Geschichte, die darin erzählt wird. Der Kern dieser Geschichte bleibt immer erhalten, auch wenn es verschiedene Fassungen ein und der selben Geschichte gibt, denn ein Mythos, so Strauss, definiert sich aus der

---

[1] Vgl. Wolfgang Eitel, In: Tirso de Molina, Don Juan-Der Verführer von Sevilla und der steinerne Gast, S. 83.
[1] Franz Boas, In: Lévi Strauss, Strukturale Anthropologie, S. 226.

Gesamtheit seiner Varianten. Daraus kann man schließen, dass es keinen ursprünglichen Mythos gibt, sondern alle Versionen zusammen den jeweiligen Mythos bilden. Motive, die erst in späteren Fassungen auftauchen, können demnach als Zusätze gelten, die den Mythos noch mehr verdeutlichen, denn ein Mythos bleibt immer solange ein Mythos, wie er als solcher betrachtet wird.[3]

2.2 Der Don Juan Mythos

Um den Don Juan Mythos definieren zu können muss die Frage gestellt werden was ihn letztendlich ausmacht, dass heißt, welche Elemente immer wieder kehren? Durchstreift man die unzähligen Versionen und Varianten des Stoffes, z. B. von Molina, Moliere, Mozart und E.T.A. Hoffmann, bis hin zu Mörike und schließlich Ortheil, (auf die hier allerdings mit Ausnahme von Molina nicht näher eingegangen werden, da es den Rahmen der Hausarbeit sprengen würde), lassen sich drei Grundmotive stets wiederfinden. Diese ermöglichen es, einen Text als Version des Don Juan Mythos zu identifizieren.

1. Grundmotiv: Don Juan ist immer ein junger Draufgänger, mit sexueller Omnipotenz und unersättlichem Begehren.

2. Grundmotiv: Die Regeln und die Moral der Gesellschaft sind für Don Juan nicht existent; er übertritt sie ständig.

3. Grundmotiv: Don Juan wird am Ende immer mit dem himmlischen Strafgericht konfrontiert und bezahlt mit dem Leben für seine Sünden.

---

[2] Vgl. Dr. Hans F. Müller, Das moderne Lexikon, Bd. 13, S. 29.
[3] Vgl. Lévi Strauss, Strukturale Anthropologie, S. 226-254.

Findet man diese grundlegenden Merkmale nicht vor, so handelt es sich möglicherweise nicht um den Mythos Don Juan.

Ein weiteres immer wiederkehrendes Element ist etwa auch Don Juans Unbeständigkeit. Er lebt von Moment zu Moment und ist ständig im Aufbruch. Meist steht auch ein mahnender und scherzender Diener an seiner Seite, und der gehörnte, hilflose Ehemann wiederholt sich ebenfalls häufig. Don Juan verführt Frauen aus unterschiedlichen Gesellschaftsgruppen, wobei Donna Anna offenbar eine Sonderrolle zukommt. Sie findet man in jedem Stück wieder und häufig bleibt die Frage offen, ob es hier tatsächlich zur Verführung kam oder nicht.

3. Der Ur-Don Juan

3.1 Tirso de Molina und das spanische Theater

Fray Gabriel Téllez ist unter dem Pseudonym Tirso de Molina in die Literaturgeschichte eingegangen. Er gehört zusammen mit Lope de Vega und Calderón zu den bedeutensten Theaterdichtern des Goldenen Zeitalters der spanischen Literatur.

Tirso de Molina wurde 1584 in Madrid geboren und trat 1601 in den Mercedarierorden ein. Während seines Aufenthaltes im Kloster in Toledo lernte er sein künstlerisches Vorbild Lope da Vega kennen und wurde schließlich Bühnenautor, womit er großen Erfolg hatte. Allerdings rief das rege Theaterleben in Madrid den Unwillen des Klerus hervor und 1625 wurden gegen Molina wegen des angeblich zu profanen und unmoralischen Charakters seiner Dramen Sanktionen verhängt und er musste Madrid verlassen. Erst 1634 kehrte er zurück. Nach jahrelanger Zurückgezogenheit starb er 1648 in einem Kloster bei Soria.

Tirso de Molina war kein Neuerer, er hielt sich an das Modell der „Comedia nueva" von Lope de Vega (1562-1635). Die „Comedia nueva" ist ein volkstümliches Theater von höchstem literarischem Rang. Sie orientiert sich an dem Geschmack eines naivschaulustigen Publikums, in dem die Traditionen mittelalterlicher Mysterienspiele

noch unmittelbar lebendig sind. Fronleichnamsspiele, Degen- und Mantelspiele und „Comedias de ruido" gelten als die drei Hauptgattungen des spanischen Theaters im 17. Jahrhundert.

In dem noch mittelalterlichen theologischen Realismus von Lope da Vega und Tirso de Molina entsteht Spannung durch die Kombination des Irdischen mit dem Über- und Unterirdischen.[1]

Im Don Juan Drama trifft dies laut Ortega y Gasset, besonders zu:

„Wir finden in der Don-Juan-Saga Seite an Seite mittägliche und mitternächtliche Szenen, Jungfräulichkeit und Sünde, blühendes Fleisch und Verwesung, Orgie und Kirchhof, Kuss und Dolch. Dem menschlichen Drama schauen Himmel, Hölle und Fegefeuer zu..."[2]

Tirso de Molina soll allerdings, nach Ramón Menéndez Pidal, den Stoff des Don Juan nicht selbst erfunden haben, da z.B. das Wesen des skrupellosen Verführers bereits in diversen anderen spanischen Dramen auftauchte und auch die Legende von der steinernen Statue ein internationales Motiv ist. Allerdings leistete Molina dennoch etwas einmaliges, indem er diese beiden Themenkreise endgültig miteinander verband.[1]

---

[1] Vgl. Wolfgang Eitel, In: Tirso de Molina, Don Juan - Der Verführer von Sevilla und der steinerne Gast, S. 83-85.
[2] José Ortega y Gasset, Gesammelte Werke, Bd. 4, S. 479.

3.2 „Don Juan - Der Verführer von Sevilla und der steinerne Gast"

Das Drama von Tirso de Molina stammt aus dem 17. Jahrhundert. Es wurde 1613 geschrieben, 1630 erstmals gedruckt und bereits 1624 uraufgeführt.[1]
Protagonist des Stücks ist Don Juan de Tenorio, ein junger, adliger Mann, der nichts anderes im Sinn hat, als Frauen zu verführen, zu belügen und zu entehren. (S. 38 „...es ist für mich der allergrößte Spaß, die Fraun zu hintergehn und zu entehren.") Oftmals enden seine Streiche, wie er sie selbst nennt, blutig oder sogar tödlich. Gewalt scheut Don Juan nicht, weder bei dem weiblichen noch dem männlichen Geschlecht. Am Beispiel von vier Frauen, die er in dem Stück verführt, wird Don Juans Charakter und Leben deutlich: Donna Isabella wird in der Nacht von ihm verführt, indem er sich als ihr Liebhaber Don Octavio ausgibt, (S. 6/7 „Ich hinterging die Herzogin, ...Ich gab mich als Octavio, den Herzog aus..."). Der Grafentochter Donna Anna erscheint Don Juan ebenfalls im Mantel des Liebhabers. Als deren Vater Don Gonzalo ihr zur Hilfe eilt, ersticht ihn Don Juan im Zweikampf. Die beiden anderen Eroberungen sind Mädchen aus dem Volk. Zum einen das Fischermädchen Tisbea, welches froh ist, bislang von der Liebe verschont worden zu sein, und Don Juan kennen lernt, indem sie ihn vor dem Ertrinken rettet, und zum anderen Aminta, ein Bauernmädchen und zugleich die Geliebte des Bauern Beatricio. Beide Mädchen macht er sich durch Heiratsversprechen gefügig. Auf der Flucht vor seinem letzten Abenteuer mit Aminta gerät Don Juan schließlich an das Grab Don Gonzalos, dessen drohende Grabinschrift „Hier wartet der getreuste Ritter auf Gottes Rache für Betrug" (S. 62) ihn reizt, das Standbild des Verstorbenen zu sich zum Essen einzuladen. Der steinerne Gast erscheint tatsächlich und lädt Don Juan wiederum zu sich in die Grabkapelle ein. Don Juan, der keine Furcht kennt, (S. 68 „Was sagtest du da: ich und Furcht?"), zögert nicht die Einladung anzunehmen. Kurz aufkommende Ängste vor dem bevorstehenden Besuch, verschwinden genauso schnell, wie sie gekommen sind, denn Don Juan ist stolz und mutig. Er würde es niemals riskieren, sein Gesicht vor dem Volk zu verlieren. (S. 69 „Gott steh` mir bei. Mein ganzer Körper ist schweißgebadet, und mein Herz friert tief in meiner Brust zu Eis...Die

Furcht vor Toten, sie ist jämmerlich!...In die Kapelle werd ich morgen gehn,... auf das Sevilla meine Kühnheit bewundern und bestaunen kann.") Als Don Juan dem Standbild dann bei dem Besuch die Hand reicht, verbrennt ihn ein höllisches Feuer: Der Himmel hat Don Juan für seine Sünden mit dem Tod bestraft.

Will man Don Juan mit einigen Schlagwörtern charakterisieren, müssten unweigerlich Ruhmsucht, Geltungsbedürfnis, Mut und das Vertrauen auf Glück genannt werden. Denn mit genau diesen Wesenszügen löst sich Don Juan aus der Bindung des mittelalterlichen Christentums und stellt sich auf die Seite des Bösen. Sinnliches Begehren, Verführung, Entdeckung und schnelle Flucht, die durch die ständig gesattelten Pferde angedeutet wird, beschreiben den immer wieder kehrenden Kreislauf des Dramas. Ebenso zeigen Maskenspiel, Verwechslung und nächtliches Dunkel die Anonymität der Begegnungen, sowie die Austauschbarkeit der Frauen. Die einzige Qualität, die die verführten Frauen besitzen, ist die Tatsache, dass jede eigentlich unerreichbar zu sein scheint, da sie entweder Braut, Geliebte oder Keusche ist. Keine der Frauen ist eine Buhlerin, die um die Gunst des Don Juan wirbt.

Die dramatische Geschichte beschreibt einen Verführer und Spötter, der mit seiner Lebensweise die Rache der Gesellschaft und des christlichen Gottes herausfordert. Don Juan folgt dem Motiv des rastlosen sinnlichen Verführers, der aus dem Augenblick heraus lebt, und nicht über die Zukunft nachdenkt. Die Verbindung mit der metaphysischen Rache setzt die rigide Moral des spanischen Katholizismus dieser Zeit voraus, denn nur eine Gesellschaft, die Sexualität tabuisiert, betrachtet den erotischen Genuss als Frevel und Sünde gegen das göttliche Gebot. Zugleich kennzeichnet diese Motivkombination den Don Juan-Stoff, und mit ihm ist der Mythos vom berühmten Verführer und Frevler geboren.[1]

Dietrich Schwanitz bezeichnet Don Juan in seinem Buch „Bildung" als skrupellosen und tollkühnen Frauenverführer, dessen Geschichte möglicherweise als Warnung an alle bedenkenlosen Verführer, und Trost für alle betrogenen Ehemänner steht.

---

[1] Vgl. Wolfgang Eitel, In: Tirso de Molina, Don Juan – Der Verführer von Sevilla und der steinerne Gast, S. 83.
[1] Vgl. Hiltrud Gnüg, Don Juan - Ein Mythos der Neuzeit, S. 11-35.

Schwanitz sieht zudem einen Zusammenhang zwischen Don Juans verführerischer Wirkung und seiner blasphemischen Tollkühnheit.[2]

In diesen Mutmaßungen steckt sehr viel Wahres: Die zeitgeschichtlichen Umstände, unter denen das Werk geschrieben wurde, lassen unmittelbar darauf schließen, dass Molina, der übrigens selbst Gegner der Glücksethik der Renaissance war, welche Don Juan lebt, sein Stück als Abschreckung und Moralisierung verfasst hat. In der heutigen Zeit, in der Sexualität kein Tabuthema mehr ist, wären natürlich auch andere Beweggründe denkbar, doch im 17. Jahrhundert steht das außer Frage, denn Don Juan stellt sich als Rebell dar, der durch seine Existenz die gesellschaftlichen Normen und Anschauungen in Frage stellt. Dass nun ausgerechnet ein Mönch den Stoff zum Verführer ersann, stellt selbstverständlich eine weitere Pikanterie dar, und so ist es nicht verwunderlich, dass der Don Juan-Stoff zunächst zumindest bei Klerus und Adel keinen Gefallen fand.

4. Der Film „Don Juan de Marco"

4.1 Filmdaten

Die Liebeskomödie wurde 1995 von dem Regisseur und ehemaligen Lehrer und Psychiater, sowie fünffachen Vater Jeremy Leven in den USA gedreht. Das Drehbuch schrieb Leven selbst, allerdings diente als Vorlage des Films der Roman „Don Juan de Marco" von Jean Black White. Produziert wurde die 94minütige Verfilmung des Don Juan Mythos vom berühmten Francis Ford Coppola, (dem Onkel des bekannten Schauspielers Nicolas Cage), sowie Patrick Palmer und Fred Fuchs. Am 10.8.1995 erschien der Film in den deutschen Kinos und bereits ein halbes Jahr später auf Video. Die Starbesetzung Johnny Depp (Don Juan), Marlon Brando (Psychiater Jack Mickler), sowie Faye Dunaway (Micklers Ehefrau) trugen maßgeblich zu seinem Erfolg bei.

---

[2] Vgl. Dietrich Schwanitz, Bildung, S. 281/282.

In der Rubrik „Beste Filmmusik" gab es für „Don Juan de Marco" 1995 sogar eine Oskar-Nominierung für den Song „Have you ever really loved a woman" von Bryan Adams.

4.2 Inhalt und Adaption

Bereits die ersten Minuten des Films lassen den Zuschauer nicht daran zweifeln, dass es sich bei dem jungen Mann im Bild um Don Juan, den größten Liebhaber der Welt, handelt:
Zu sehen ist das bereits in der Einleitung erwähnte Buch des Ur-Don Juan sowie ein junger Mann, der sich in seinem Zimmer offenbar gerade zum Ausgehen bereit macht. Parfüm wird aufgetragen, ein goldener Ring angelegt, Handschuhe angezogen, und zu guter letzt auch noch eine Augenmaske um den Kopf gebunden. Dabei gibt er sich dem Publikum, welches schon erahnt hat, um wen es sich hier handelt schließlich mit spanischem Akzent persönlich zu erkennen:

„Mein Name ist Don Juan de Marco...Ich bin der größte Liebhaber der Welt."

Mit Stiefel, Mantel, Hut und Degen ausgestattet streift er anschließend durch die Strassen New Yorks und steuert auf ein Restaurant zu. Unbeeindruckt von den Leuten, die aufgrund seines für diese Zeit doch seltsamen Aufzuges über ihn tuscheln, fährt Don Juan fort zu erzählen:

„Ich habe mehr als 1000 Frauen geliebt... Keine Frau verlies unbefriedigt meine Arme. Nur eine hat mich je abgewiesen. Und wie das Schicksal so spielt ist sie die einzige, die mir etwas bedeutet. Aus diesem Grunde habe ich nun mit 21 beschlossen meinem Leben ein Ende zu setzen. Doch zuerst eine letzte Eroberung..."

Mit diesen letzten Worten hat Don Juan schon eine Frau anvisiert, die allein an einem Tisch sitzt. Zu bemerken sind ihre roten Haare, denn dass Don Juan als letzte Eroberung eine Rothaarige auserwählt hat kann durchaus bedeutend sein: Erika

Fischer-Lichte schrieb in ihrem Buch „Semiotik des Theaters", dass die Rote Haarfarbe, besonders bei Frauen als Zeichen des Bösen gilt und rote Haare Sitz der magischen Kraft seien. Möglicherweise wollte Don Juan hier seine verführerischen Fähigkeiten besonders unter Beweis stellen, indem er keine unschuldige, naive Blonde wählte, sondern eine machtvolle Rothaarige.[1]
Selbstverständlich gelingt es ihm auch, sie zu verführen. Mit erotischen Metaphern, die sowohl seine Wortgewandtheit, wie auch seine Sinnlichkeit zeigen (z.B. „*...und diesen zarten fleischigen Teil weiter oben zu streicheln ist, als führe man die Hand an* den *Schenkeln entlang...*") und einer überaus sanften und ruhigen Stimme kommt es im Hotelzimmer schließlich zum Liebesakt.

Mit den Worten: „ *Die wahrhaftige Befriedigung kommt lange nachdem die Ekstase vorüber ist*" verabschiedet er sich danach höflich von ihr und ist genauso schnell verschwunden, wie er gekommen war. Erinnert man sich an das Motiv der schnellen Flucht bei Don Juan ist das nichts Ungewöhnliches, denn schon betritt der Ehemann der Rothaarigen das Restaurant.

In der nächsten Szene sieht man Don Juan dann auf dem Dach eines Hochhauses stehen um von dort Selbstmord zu begehen. Auch hier scheint die Wahl des Hochhauses nicht dem Zufall überlassen worden zu sein. Gut sichtbar prangt ein Werbeposter an der Fassade des Hauses. Darauf ist eine hübsche Frau mit Bikini und Augenmaske zu sehen, die sich am Strand räkelt. Mit den Worten „Unmask the mysterie..." werden die spanischen Strände angepriesen. Zu diesem Zeitpunkt scheint die maskierte Frau noch nicht so wichtig für den Zuschauer zu sein, außer hinsichtlich der Tatsache, dass sie wie Don Juan eine Maske trägt. Allerdings spielt sie, wie sich zeigen wird, später noch eine zentrale Rolle, was schon die oben genannte Aufschrift des Plakats vermuten lässt. Die mysteriöse Fremde soll beim Publikum offenbar jetzt schon einen ersten Eindruck hinterlassen und zusätzlich Spannung aufbauen, auch wenn der Zuschauer sie wahrscheinlich nur unterbewusst wahrnimmt, da er sich auf Don Juan konzentriert.

Das Motiv des mutigen und stolzen Verführers wird im folgenden deutlich: Don Juan möchte nämlich nicht in den Tod *springen*, nein - denn dann wäre er nicht Don

---

[1] Vgl. Erika Fischer-Lichte, Semiotik des Theaters, S. 113.

Juan! - er verlangt nach dem großen Don Franzisko da Silva, mit dem er sich im Fechten duellieren und dabei durch dessen Hand würdevoll sterben will.
Dem Psychiater Jack Mickler obliegt es, Don Juan von diesem Dach zu holen. Aber wie sollte er es anstellen? Mit Spannung wird der Zuschauer sich fragen, welche Worte einen Don Juan bewegen könnten, von seinem Vorhaben abzulassen? Bedenkt man die Wortgewandtheit und Charakterzüge des Verführers, so ist klar, dass man nicht mit billigen, einfachen Appellen bei ihm Erfolg haben kann- und genau dass berücksichtigt Mickler! Oben angekommen, stellt sich der Psychiater als Don Oktavio del Florez vor und gibt bedauernd bekannt, dass Don Antonio da Silva verreist sei. Mickler geht hier auf Don Juan ein, er behandelt ihn nicht wie einen Verrückten und letztendlich schlägt er ihn sogar mit seinen eigenen Waffen: Als Don Juan ihm sagt, dass es nichts mehr gibt, wofür es sich zu leben lohnt, da Doña Anna alles für ihn sei erwidert Jack Mickler ihm, dass er niemals vergessen darf, „...dass

die Macht der Liebe von Don Juan unauslöschlich ist, und sich niemals verleugnen lässt".
Ein kostümierter Verrückter hätte über diese Worte wahrscheinlich nur lachen können - nicht aber der wahre Don Juan! Fast könnte man zu der Annahme kommen, Mickler stellt den jungen Mann hier auf die Probe, ob er wirklich Don Juan IST, denn niemanden sonst hätten diese Worte dazu bringen können, sein Vorhaben bleiben zu lassen und vom Dach zu steigen. Der wahrhaftige Verführer Don Juan erkennt jedoch, dass ihm sein Stolz und sein Ruhm genommen wären, wenn er wegen einer Frau den Tod erleiden wollte und er bittet Mickler deshalb darum sein „unmännliches Schauspiel" zu verzeihen.

Einen weiteren Hinweis für die Adaption des Don Juan Mythos liefert die nun folgende Krankenhausszene. Don Juan, der wegen seiner „Wahnvorstellungen" in der Klinik Therapiegespräche mit einem Psychiater führen soll, wird zunächst an den etwas steifen und konservativen Bill übertragen.
Bill, der den jungen Mann anders als Jack, nicht wie den wahren Don Juan behandelt, sondern wie einen verrückten Jugendlichen mit Wahnvorstellungen, muss bald aufgeben: Don Juan tanzt ihm schon in der ersten Sitzung auf der Nase herum und verachtet ihn zusehends (*„Was wissen SIE schon von großer Liebe?"*). Während Bill

zusammengekauert in seinem Sessel sitzt, steht Don Juan drohend über ihn gebeugt und penetriert ihn mit erotischen Fragen, die diesem offensichtlich peinlich sind. Don Juan macht Bill dadurch klar, dass er absolut überhaupt nichts von der Liebe des Don Juan versteht. Auch behält er im Dialog mit Bill stets das letzte Wort (z.b. bei dem Streit um die Aussprache des Wortes „Villa"). Erinnert man sich an Molinas Don Juan findet sich hier eine Parallele. Don Juans Diener Catalinon zog, wie Bill, immer den Kürzeren im Gespräch Don Juan, denn dieser behält stets die Oberhand. (z.B. S. 39 Don Juan: „Für dieses Mal soll eine Warnung reichen, das nächste Mal wirst du nicht mehr gewarnt" Catalinon: „Von nun an werd ich tun was ihr befehlt.")

Der Charme des Don Juan, den er überall dort versprüht, wo er hinkommt, wird ebenfalls im Krankenhaus sichtbar. Dem weiblichen Personal hat er von Beginn an den Kopf verdreht. Pflegerin Gloria zum Beispiel setzt alles daran Don Juan von seiner ersten Therapiesitzung wieder abholen zu können und niemals findet der Zuschauer Don Juan allein im Hospital vor.
Allerdings „verführt", bzw. manipuliert Don Juan, wie schon bei Molina, auch das männliche Geschlecht. Der Pfleger Rokko, der ihm schließlich zugeteilt wird und anfangs ein Gegner Don Juans zu sein scheint, erliegt ebenfalls bald der Inspiration des Verführers. So findet das Publikum ihn alsbald mit Don Juan Salsa tanzend im Krankenhaus Park wieder. Die Verführung des Pflegers erreicht schließlich ihren Höhepunkt, als Rokko, zweifelsohne von Don Juan dazu inspiriert, ohne sich abzumelden nach Madrid umzieht.

Mit der ersten Sitzung bei Jack Mickler, dem der „Fall" Don Juan nun übertragen wurde, beginnt eine 10tägige Therapie in der Don Juan zunächst der Unterlegenere zu sein scheint: Seine Augenmaske wurde ihm abgenommen, weswegen er nun nach eigener Aussage verflucht sei, und Jack eröffnet ihm außerdem, er müsse Medikamente gegen seine Wahnvorstellungen nehmen. Wiederum kann der Zuschauer nun den Mythos bestätigt sehen: Der stolze und mutige Don Juan lässt es nicht dazu kommen den Kürzeren zu ziehen, er beharrt nicht nur darauf, nicht an Wahnvorstellungen zu leiden, („ Ich BIN Don Juan!"), sondern er will es Mickler auch beweisen. 10 Tage lang will er ihm seine Geschichte erzählen, um seine Behauptung

zu untermauern. Auch der Ur-Don Juan ist Problemen in der Regel nicht aus dem Weg gegangen, sondern hat sich ihnen gestellt. (vgl. Molina, S.45 Don Juan: "Lass mich passieren!" Don Gonzalo:"...Nur durch die Spitze dieses Schwertes" Don Juan: „Es wird dein Tod sein!", im Fechtduell tötet er Don Gonzalo daraufhin.) So schließt er mit Mickler den Pakt, nach 10 Tagen Tabletten zu nehmen, wenn es ihm nicht gelingt, diesen davon zu überzeugen, dass er tatsächlich Don Juan sei.

Was nun folgt lässt den kritischen Zuschauer aufmerken, denn Don Juan erzählt über seine Vergangenheit. Niemals zuvor hat die Welt etwas über die Kindheit und Jugend des Don Juan erfahren, weder bei Molina, noch bei allen anderen Künstlern, die den Don Juan Stoff verarbeitet haben! Stets hat es sich um das „Hier und Jetzt" gedreht, von Don Juans Vergangenheit war bislang immer nur die üppige Zahl seiner Eroberungen bekannt. Aber genau die Tatsache, dass die Vergangenheit des Don Juan bis dato jungfräulich geblieben ist, erlaubt es Leven hier, sie dem Mythos hinzuzufügen bzw. anzupassen, ohne ihn unecht oder falsch wirken zu lassen. Bedenkt man die Aussagen von Lévi Strauss, so können wir die Kindheit Don Juans als eine Ergänzung bzw. einen Zusatz betrachten, wodurch der Mythos noch deutlicher gemacht wird.

An seiner Mutter entdeckt der in Mexiko geborene Don Juan bereits als Kleinkind sein Interesse für Frauen, als 10jähriger schon stehen die Mädchen bei ihm Schlange, um einen Kuss von ihm zu bekommen, und mit 16 verführt er schließlich seine verheiratete Hauslehrerin. Wie auch schon bei Tirso de Molina werden in dem Film insgesamt vier Eroberungen Don Juans näher geschildert. Die erste Verführung ist bereits bekannt: Die namenslose Dame aus dem Restaurant. Zeitlich gesehen ist sie allerdings an die vierte Stelle zu setzen, denn die wirklich erste Verführung Don Juans ist die seiner Hauslehrerin Doña Julia. Trotz anfänglicher Schwierigkeiten, da Doña Julia die Frau von Don Alfonso ist, erliegt sie schließlich dem Charme des Verführers. Don Juan bezeichnet sie im Gespräch mit Mickler als seine „erste Große Liebe". Bereits hier muss man sich die Frage stellen, wie Don Juan die Liebe definiert. Denn lässt diese Aussage nicht schon vermuten, dass auf Don Juans erste „Große Liebe" wahrscheinlich eine zweite, dritte, und vielleicht sogar vierte „Große Liebe" folgen wird? Aber ist es im Verständnis der Menschen nicht eigentlich so, dass es im Leben eines Menschen generell nur eine

einzige „Große Liebe" gibt? Wiedereinmal wird also deutlich, dass Don Juan einfach nicht den Regeln der Gesellschaft folgt.

Als Don Alfonso hinter die Affäre der beiden kommt, muss Don Juan fliehen. Bereits bei Molina taucht das Motiv der schnellen Flucht auf, und auch hier verarbeitet es Leven. Aber trotz Flucht ist Don Juan kein Feigling, wie bereits bei der Hochhausszene zu sehen war, und er beweist nun erneut seinen Mut: Don Alfonso, der aus Rache das Gerücht verbreitet, Don Juans Mutter habe ein Verhältnis mit ihm, wird von Don Juans Vater zum Fechtduell herausgefordert. Als der Vater unterliegt und Don Alfonso ihm den tödlichen Stich versetzt, greift Don Juan selbst zum Degen und fordert Don Alfonso zum Duell heraus, um die Ehre der Familie zu retten. („ Du hast meinen Vater getötet. Jetzt komm und töte mich.") Im Fechtduell, einem weiteren traditionellen Motiv des Don Juan Mythos, tötet er Don Alfonso und bittet seinen sterbenden Vater um Vergebung für seine Sünden. Mit den letzten Worten des Vaters, „Natürlich vergebe ich Dir. Du bist mein Sohn", wird der Zusammenhalt der Familie Juan erneut deutlich. In anderen Fassungen, wie zum Beispiel bei Molina lässt sich hier ein Unterschied feststellen. Das Verhältnis Don Juans zu seinem Vater ist in der Urversion geprägt von Abneigung und Spannungen, was allerdings in diese romantische Version von Leven nicht passen würde.

Don Juan setzt nun die Augenmaske auf um die Schande, die er über die Familie brachte, zu verbergen. Als er daraufhin mit dem Schiff nach Cadiz aufbricht, gerät dies in Schurkenhände und Don Juan landet als Sklave im arabischen Sultanat. Hier findet die zweite Eroberung statt, nämlich die der Sultanin. Als Frau verkleidet, um nicht auffällig zu werden, besucht Don Juan sie täglich. Auch hier kann man eine Abweichung zu den übrigen Fassungen erkennen. Im Fall der Sultanin ist es nicht Don Juan, von dem die Initiative zunächst ausgeht, was auch seine vorläufige Verwirrung über die Situation deutlich macht. Der Grund, weshalb er zunächst keinen sexuellen Kontakt mit der Sultanin möchte, ist Doña Julia, die immer noch in seinem Kopf herumschwirrt. Allerdings erlebt Don Juan in derselben Situation die Offenbarung seines Wesens: Er kann einfach nicht widerstehen, die Sultanin zu lieben und gibt schließlich selbst zu bekennen: „Ich war überrascht wie schnell man die Vergangenheit überwinden kann." Wie zur Bestätigung seines neu entdeckten Charakters, verführt er von nun an nicht nur die Sultanin, sondern auch die 1500

Frauen, die mit ihm zusammen im Harem des Sultans leben. Nach zwei Jahren merkt er aber, dass er nicht mehr den gleichen Enthusiasmus verspürt, wie zu Beginn. Das typische Motiv des rastlosen Verführers wird sichtbar. So scheint es ihn auch nicht besonders zu schmerzen, erneut fliehen zu müssen, indem er verschifft wird, weil der Sultan misstrauisch geworden ist. Das Schiff gerät allerdings in einen Taifun und wie durch ein Wunder überlebt Don Juan als Einziger. Leven bleibt hier auch gar nichts anderes übrig, als Don Juan zum alleinigen Überlebenden zu machen, denn würden mehrere den Schiffsbruch überleben, wäre Don Juan mit ihnen gleichgestellt und nicht mehr einzigartig!

So strandet er auf der Insel „Eros". Bereits der Name deutet auf die bevorstehende dritte Verführung hin. Hier taucht nun, wie in jeder Don Juan Version, Doña Anna auf, und wie bereits angedeutet, scheint sie eine besondere Rolle zu spielen. Im Gegensatz zu den anderen drei Eroberungen ist sie zwar nicht bereits vergeben, dafür aber noch jungfräulich, was wiederum das Motiv Hiltrud Gnügs bestätigt, dass Don Juan keine Frauen erobert, die leicht zu haben sind, die praktisch nur auf ihn warten. Ebenfalls Don Juan-typisch gibt er ihr nicht nur ein Heiratsversprechen, sondern zugleich auch noch das Versprechen, zu ihr an diesen Strand zurückzukommen, falls widrige Umstände sie einmal trennen sollten. Auffällig ist hier, dass sich Don Juan in scheinbar keinerlei Weise nach anderen Frauen verzehrt, sein Begehren ruht allein auf Doña Anna. Allerdings müssen hier die äußeren Umstände mitbedacht werden. Don Juan ist nämlich in der einmaligen Situation keine anderen Frauen zu Gesicht zu bekommen, da Doña Anna neben ihm die einzige Person auf der Insel ist. Die Theorie, dass Don Juan durchaus in der Lage ist, längere Zeit nur eine einzige Frau zu lieben und zu begehren, sofern keine andere in greifbarer Nähe ist, dass heißt für ihn unerreichbar, kann somit grundsätzlich an dieser Stelle aufgestellt werden, da das Gegenteil bislang noch nicht bewiesen ist.

Als Doña Anna jedoch von ihm erfährt, wie viele Frauen er vor ihr liebte, ist ihre Reaktion nicht verwunderlich. Zwar legt Don Juan als Zeichen der Reue seine Maske ab, und offenbart sich dadurch Doña Anna, da er die Maske noch niemals zuvor abgelegt hat, doch für sie reicht das nicht aus. Sie setzt an seiner Stelle die Maske auf und verlässt ihn.

Wie es zu Don Juans Selbstmordgedanken kam, ist dem Zuschauer nun also deutlich. Es stellt sich jetzt allerdings die Frage, weshalb Don Juan ihr so ehrlich geantwortet hat, denn eigentlich ist er bekannt für jeglichen Lug und Trug, nur um eine Frau verführen zu können. Steckt wahre Liebe dahinter? Bei Don Juan? – Kaum vorstellbar beim größten Liebhaber der Welt – der er in dem Moment dann nämlich nicht mehr wäre! Am wahrscheinlichsten scheint zu sein, dass der Grund für seine Ehrlichkeit in seinem Stolz und seiner Ruhmsucht liegt. Sicherlich hat er innerlich mit sich gekämpft, ob er ihr die Wahrheit sagen soll, denn mit den Folgen musste er rechnen, so naiv ist ein Don Juan nicht. Aber sein Stolz auf die unglaubliche Anzahl seiner Eroberungen, *("Ich habe mehr als 1000 Frauen geliebt...")*, haben ihn offenbar letztendlich zur Ehrlichkeit getrieben, denn welcher Mann würde hier lügen, wenn er es zu über tausend Eroberungen gebracht hätte?

Was zeitlich nun folgt kennt der Zuschauer bereits. Der Verknüpfungspunkt zwischen dem Ende mit Doña Anna und der vierten und letzten Eroberung im Restaurant ist hier anzusiedeln, auch wenn nicht deutlich wird, was zwischen dem Aufenthalt auf „Eros" und New York geschehen ist.

Auch die maskierte Frau auf dem Plakat des Hochhauses kann der Zuschauer nun deuten. Mit ihr wird Doña Anna assoziiert und die Wahl des Hochhauses von Don Juan leuchtet jetzt ein.

Mit dem Ende der Erzählung über Donna Anna ist auch das Ende der 10tägigen Therapie erreicht. Die Frage Don Juans an Mickler *„Wer bin ich?"* scheint eher rhetorisch zu sein. Wer glaubt nicht, hier die Geschichte über den Mythos Don Juan erlebt zu haben? Mickler, der vollends in den Bann Don Juans gezogen wurde muss bekennen: *„Sie sind Don Juan de Marco, der größte Liebhaber, den die Welt je besaß."*

Was nun noch folgt grenzt beinahe an Ironie. Don Juan wird einem Richter vorgeführt, der nach einem Gespräch mit ihm entscheiden soll, ob er eingewiesen oder entlassen werden soll. Im Beisein des Chefpersonals erscheint Don Juan angezogen wie ein typischer amerikanischer Twen. Ohne spanischen Akzent und mit monotonem Gesichtsausdruck erzählt er emotionslos, was der Richter hören will: Er habe nie wirklich vorgehabt sich umzubringen, er wollte nur wahrgenommen werden und habe deshalb so getan als sei er Don Juan. Nach der romantischen

Darstellung des Mythos, der den Zuschauer gerade erst in seinen Bann gezogen hat, wirkt Don Juan in dieser desillusionierenden Situation nicht nur unecht, sondern geradezu verkleidet. Keine Leidenschaft ist mehr bei ihm zu spüren, alle Vitalität scheint aus ihm gewichen zu sein. Das Publikum merkt ganz genau: Don Juan verführt auch hier. Die Maske des völlig normalen jungen Erwachsenen kann allerdings nur die Ärzte glauben machen, er sage die Wahrheit, der Zuschauer und Mickler dagegen wissen es besser. Don Juans Worte erscheinen inhaltslos und leer, wie leblose Hüllen. Denn die Frage, ob es sich hier tatsächlich um Don Juan de Marco, den größten Liebhaber der Welt handelt, interessiert den Zuschauer gar nicht mehr. Ihm ist klar, hier wurde die Geschichte Don Juans, die Geschichte des wunderbaren Mythos auf einzigartige Weise erzählt. Und damit ist es Don Juan wieder einmal gelungen nicht nur über 1500 Frauen, sondern das ganze Publikum zu verführen und zu verzaubern.

Das Ende des Films scheint nun eher Formsache zu sein, um die Geschichte abzurunden, und es ist sehr zweifelhaft, ob man es zum Mythos dazu rechnen kann. Don Juan fliegt mit Mickler und dessen Frau auf die Insel „Eros". Dort kommt es zu einem leidenschaftlichen Wiedersehen zwischen ihm und Doña Anna. Dieses Happy End, welches für den amerikanischen Liebesfilm typisch ist, passt nicht ganz in das Bild des Mythos. Denn Kernbestandteil, bzw. Grundmotiv des Mythos ist eigentlich am Ende die Höllenfahrt Don Juans. Leven hat sich hier aber keinen Fehltritt in letzter Minute erlaubt. Denn nicht aus Don Juans Perspektive erlebt das Publikum das Ende der Geschichte, sondern aus Micklers! Dieser bestimmt nämlich den Ausgang der Erzählung, und nicht etwa Don Juan. So spricht Mickler am Ende direkt zu dem Publikum: *„Und wie soll unsere Geschichte zuende gehen? Seine Doña Anna. Sein Traummädchen. Wartete sie an jenem Strand so wie sie es sich versprochen hatten? Warum nicht?..."*

Leven relativiert hier geschickt. Auf der einen Seite erwartet der Zuschauer des 20. Jahrhunderts gerade bei solch einer romantischen Version ein glückliches Ende, auf der anderen Seite lässt das der Mythos aber generell nicht zu. Was also kann Leven tun? Er setzt Mickler ein, der das Ende bestimmt, und dadurch schließt er sozusagen einen fairen Kompromiss mit dem Mythos und den Erwartungen der Zuschauer.

Zudem wäre hier natürlich fraglich, wofür Don Juan am Ende bestraft werden sollte, denn im Amerika des 20. Jahrhunderts sind die Verführungen des größten Liebhabers der Welt keine Sünde mehr, sondern erwecken viel eher die Weiblichkeit der Frau wieder. In der heutigen Welt ist die Verbindung zwischen Frau und Weiblichkeit nämlich leider gekappt. Don Juan öffnet durch seine Verführung neue Dimensionen und die Frauen gewinnen dadurch ein Stück weit ihre Weiblichkeit zurück.

4.3 Interpretation und Analyse der Adaptionselemente

Mit dem Film „Don Juan de Marco" liegt eine sehr romantische und moderne Version des Don Juan Stoffes vor. Die Adaption des Mythos ist unschwer zu erkennen. Wiederzufinden ist zunächst das Motiv des unersättlichen Begehrers, was an den 1500 Frauen im Sultansharem besonders deutlich wird. Die Regeln der Gesellschaft aus denen sich Don Juan ständig windet werden am Beispiel Doña Julias klar, als Don Juans unmoralische Affäre mit ihr aufgedeckt wird.
Das dritte, scheinbar fehlende Grundmotiv, die Bestrafung Don Juans für seine Sünden, ist bereits im vorherigen Teil dieser Hausarbeit teilweise erklärt worden. Hinzuzufügen ist aber noch der Gedanke, dass möglicherweise Don Juans Vater, Don Antonio, durch seinen Tod das fehlende Motiv ersetzt. Zu erklären ist diese Vermutung damit, dass sich die Beziehung zum Vater im Gegensatz zu Molinas Fassung bei Leven grundlegend gewandelt hat. Von Spannungen, Meinungsverschiedenheiten oder Hass zwischen Don Juan und seinem Vater ist nichts zu erkennen. Während bei Molina Don Juans Vater den König zum Beispiel bittet, seinem unfolgsamen Sohn den Zweikampf zu untersagen (S. 32), rettet Don Juan bei Leven die Ehre der Familie in genau diesem. Wegen der bedingungslosen Liebe zu seinem Sohn, und der Tatsache, dass er ihm seine Eskapade mit Doña Julia verzeiht, ist es vorstellbar, dass darum letztendlich auch Don Antonio für Don Juans Sünden bezahlt, und nicht wie üblich der Verführer selbst. So fehlt das Motiv der Bestrafung letzten Endes gar nicht, sondern ist nur auf den Vater verlagert worden.

Obwohl Don Juan in diesem Film eher wie ein „Softie" wirkt, der wie Mickler sagt, an ansteckendem Romantizismus leidet, kommt nicht zuletzt auch ein wenig der Spötter über Himmel und Religion in ihm zum Vorschein: Don Juan stellt Mickler in einem seiner Gespräche vier Fragen, seiner Meinung nach die wichtigsten im Leben, und beantwortet sie zugleich selbst: *„Was ist heilig?, Woraus besteht der Geist?, Wofür lohnt es sich zu leben?, Wofür lohnt es sich zu sterben? - Die Antwort ist stets die Gleiche: Nur die LIEBE."* Was auf den ersten Blick wie die romantische Definition von Liebe erscheint, ist theoretisch nichts weiter als Heuchelei und Spott, berücksichtigt man die Lebensweise Don Juans. Kann er von wahrer Liebe sprechen, wenn er doch über 1500 Frauen verführt hat, und grenzt es nicht erheblich an Hohn, diese Liebe auch noch als „heilig" zu bezeichnen?

Selbstverständlich kann nicht geleugnet werden, dass der hier dargestellte Don Juan längst nicht so skrupellos und gewalttätig ist, wie der Ur-Don Juan, (S. 7, Don Pedro: "Sag, Elender hat es denn nicht genügt, dass du an einer andren Edelfrau gewaltsam in Hispanien dich vergingst?"), denn Gewalt geht im Film nie von Don Juan aus, er wendet sie nur an, wo sie sich nicht vermeiden lässt, wie zum Beispiel im Fechtduell mit Don Alfonso, nachdem dieser seinen Vater getötet hat. Gegen Frauen verhält sich Don Juan de Marco niemals gewalttätig. Ebenso verdeutlicht seine Bezeichnung als „Liebhaber" seinen romantischen und nahezu gewaltfreien Charakter. Während Don Juan bei Molina gebrandmarkt war als der „Schrecken aller Frauen" und „Verführer Spaniens" (S. 42), finden wir diese Bezeichnungen hier nicht vor. Auch Don Juans Selbstverständnis ist nicht das eines Verführers. Auf die Aussage der Dame im Restaurant, *„und natürlich verführen sie Frauen"*, sagt er: *„Nein. Ich würde niemals einer Frau mein Verlangen aufzwingen. Ich bereite Frauen Vergnügen- wenn sie den Wunsch danach hegen."* An dieser Stelle wird zudem besonders deutlich, dass Don Juan die Weiblichkeit der Frau wiederentdeckt.

Allerdings bleibt nach wie vor die Tatsache bestehen, dass er über 1000 Frauen geliebt hat und es ist zweifelsohne Fakt, dass Don Juan eine andere Auffassung von Liebe hat als der Rest der Gesellschaft.

Auch die Darstellung der Verzauberung durch Don Juan ist bemerkenswert. Auf unglaubliche Art und Weise inspiriert er durch seinen Charme und seine Ausstrahlung nicht nur das Pflegepersonal, sondern auch seinen Psychiater selbst.

Mickler, der fasziniert ist von Don Juans Botschaft der ewigen Liebe, (auch wenn Don Juans Definition sehr fragwürdig ist), erwacht wieder zu neuem Leben und seine Ehe lebt wieder auf, indem er anfängt um seine Frau zu werben. Don Juan gibt Mickler sozusagen eine Vital-Therapie, die den desillusionierten Psychiater mitten ins Leben zurück holt. Natürlich hat Don Juan längst gemerkt, welche Auswirkungen die Gespräche auf Mickler haben, und das sagt er ihm auch direkt ins Gesicht: *„Sie brauchen mich. Für eine Transfusion, weil ihnen das Blut in den Adern vertrocknet und ihnen das Herz versandet. Ihr Bedürfnis nach Wirklichkeit, nach einer Welt, in der die Liebe befleckt ist, dass wird ihnen die Adern verstopfen bis alles Leben aus ihnen weicht...und ganz allein in meiner Welt können sie Atem holen. So ist es doch. So ist es doch!"*

Man erkennt hier nicht nur Don Juans Wortgewandtheit wieder, sondern auch, dass er seine Mitmenschen offenbar genau beobachtet und sie schnell durchschaut, was es ihm letztendlich einfach macht, sie zu verführen und zu manipulieren. Denkt man auch zurück an Bill, den er bereits nach einer Therapiestunde in der Hand hatte, oder an den Pfleger Rokko, den er inspirierte auszuwandern, so erhält man zumindest den Hauch einer Ahnung, wie viel Verführungspotential Don Juan tatsächlich besitzt.

5. Fazit

Das Genre des Films - die „Liebeskomödie" - zeigt bereits den großen Unterschied zur Ur-Fassung: der Mythos wird hier nicht als Drama mit entsprechend traurigem Ende dargestellt, sondern als romantische, komödiantische Version, die natürlich ein Happy End verlangt.
Aus diesem Grund gilt natürlich auch abzuwägen, ob Don Juan hier nicht vielleicht doch an die ewige Liebe glaubt, wenngleich Molinas Fassung das Gegenteil beweist. Primär könnte eine solche Wandlung Don Juans durchaus vorstellbar sein, allerdings sollte sie nicht größere Gewichtung erhalten als der Charakter Don Juans in älteren Versionen, da diese genauso zum Mythos dazuzählen, wie diese jüngste Adaption.

Zusammenfassend kann gesagt werden, dass Leven zwar eine sehr moderne und zum Teil stark veränderte Version des Don Juan Mythos geschaffen hat, der Kernbestand der Geschichte jedoch erhalten geblieben ist, so dass jeder Kritiker davon überzeugt werden kann, dass „Don Juan de Marco" eine gelungene Adaption des faszinierenden Mythos ist.

6. Literaturverzeichnis

Eitel, Wolfgang: Tirso de Molina. Don Juan – Der Verführer von Sevilla und der steinerne Gast. Stuttgart: Philipp Reclam jun. Verlag 1976.

Fischer-Lichte, Erika: Semiotik des Theaters. Bd. 1. Tübingen: Gunter Narr Verlag 1983.

Gnüg, Hiltrud: Don Juan. Ein Mythos der Neuzeit. Bielefeld: Aisthesis Verlag 1993.

Leven, Jeremy: Don Juan de Marco. Hollywood: New Line Cinema 1995.

Müller, Dr. Hans F.: Das moderne Lexikon. Bd. 13. Gütersloh: Bertelsmann Lexikon-Verlag 1972.

Ortega y Gasset, José: Gesammelte Werke. Bd. 4. Stuttgart: Dt. Verlag-Anstalt 1956.

Schwanitz, Dietrich: Bildung. Alles, was man wissen muß. München: Goldmann Verlag 2002.

Strauss, Lévi: Strukturale Anthropologie. Frankfurt am Main: Suhrkamp Verlag 1967.